Kielspuren

Seegedichte
von
Arne Ærtebjerg

Aus dem Dänischen übertragen
von
Carl Brattstroem

COBRA

Titelgrafik: Peter-Heinrich Jensen, Kiel
Grafiken: Frank Hammershøj, Bogense (Dänemark)

Herstellung: Buchdruckerei Dieter Broschat, Hohenwestedt
ISBN 3-923 146-91-4

New Orleans

27. Juni 1976

Die Stöße der Trompeten werden wie Bälle
gegen die Mauern geworfen
und der Doppelbaß (von Mädchen keck geschwungen)
blinkt im Lack dir zu: „Spiel mit mir heut Nacht“
der Neger mit dem weißen Haar ißt seine Klarinette
als wäre sie süßes Lakritz, und kitzelt
die Silbertastaturen, bis das Instrument schreit -
Preservation Hall und Bourbon Street -
ich sitze in einer Pferdedroschke auf dem Weg
zum Mississippi River
wo Raddampfer sich davonschaufeln
hinter sich ein Kielwasser aus Jazz
sie fahren durch das französische Viertel
wo balkonverkleidete, rosa Häuser
mit schmiedeeisernen Gittern die Töchter bannen
ihre Mütter erlauben ihnen nur
rote Rosen zu ihren Beaux hinabzuwerfen
die mit Handküssen und Komplimenten antworten
ihre Augenfeuerwerke sind wie die Blitze
aus den dunklen Wolken, die der Nachmittag auftürmt
schnell kommt der Gewitterregen
und die Menschenmenge in den Straßen verschwindet
in den Bars, Antiquitätenshops und Galerien
ich esse Austern in der Felix Bar
während der Weißwein mein Glas beschlägt
und der Jazz durch den Regen klingt
als ob da jemand wäre, der unendlich lange
seine Kehle gurgelte

Houston, Unabhängigkeitstag

4. Juli 1977

Ich schaue dir nach in den Ladenscheiben
worin du dich spiegelst
doch sehe nur
die Masken der großen Parade
zur Blechmusik tanzen

Ich betrachte mein Ebenbild
im ruhelosen Wasser
worin du ständig Wurzeln schlägst
an meiner Seite, wie eine Palme
in deren Schatten ich stehe

Ich sehe plötzlich deine Schultern
unter einem Schleier aus Haaren
auf dem Barbecue-Fest
wo Diplomaten zur Andacht läuten
mit ihren eisgefüllten Gläsern
berauscht von dem Geruch verbrannten Fleisches

Doch es sind nicht deine Augen
in denen ich mich spiegle
als man einen Toast ausbringt
auf der Freiheit eigenes Land
und das Festfeuerwerk abbrennt

Barcelona

8. Juni 1978

Auf der Plaza de Toros
heben sich korsettgekleidete Pferde
auf Halbmonden in die Höhe

Unter den tropfenden Hochzeitskerzen der Kastanien
steht alles in Flammen
Flamencotänzerinnen
versuchen, hohe Schreie auf den Lippen
und Haare in den Augen
das Feuer auszustampfen

Die Hitze schlägt herein
und lose Straßenvögel
wollen uns mit Fittichen umschlingen
um das Feuer zu ersticken

Man klatscht wie rasend
und schüttet billigen Cognac
in das schmerzende Brandmal
so tief, daß man die Stimmbänder entblößt

Ein Trompetenstoß verkündet
die Mühen sind vollbracht
das Brautlaken besudelt
der Augenblick der Wahrheit ist vorbei

Cairo

26. März 1979

Verlasse die verschleierten Mädchen
in der Vorhalle der Universität
um in den Fenstern des Basars
die goldenen Tränen zu sehen

Die Minarette klagen
wie tödlich verwundete Tiere
es ist zu spät
um in den Himmel zu segeln
im gekenterten Boot des Halbmonds

Die Bauchtänzerin
in ein Messingschlagzeug gehüllt
folgt den Kurven der Flöte
und sieht mich kalt an
mit dem roten Rubin ihres Nabels

Das Hupen der Wagen
macht es mir schwer
zu verstehen
daß der lahme Junge an der Ecke
mir seine Schwester verkaufen will

Memorial Bend, Houston

25. Mai 1979

Wenn du beginnst, den Glauben
an dich selbst zu verlieren
dauert es nicht lange
bis auch andere nicht mehr
an dich glauben

Die Freunde werden weniger
und kommen seltener zu Besuch
und mit gutem Grund
es ist eine ansteckende Krankheit

Deine Geliebte fühlt zuerst
wie es um dich steht
und aus Scham machst du das Verhältnis
unerträglich für sie
du treibst sie dazu, dich zu verlassen

Wenn du den Glauben
an dich selbst verloren hast
dauert es nicht lange
bis du nicht mehr
anderen zu glauben wagst

Karibische See

25. September 1979

Sie, die ich oft im Traum sah
und mein Haus betreten
war nie daheim
wenn ich dich besuchte
und meine Briefe an sie
kamen zurück mit dem Vermerk:
Empfänger unbekannt

Sie, die ich besuchte
zwischen langen Reisen
mit der ich gute Nächte hatte
kannte ich nicht
und verdächtigte sie immer
meine Geliebte fortzuschicken
wenn ich meine Ankunft meldete

Santo Tomas de Castilla, Guatemala

29. September 1979

Cocktailparty an Bord in tropischer Nacht
mit distinguierten Herren in zerknittertem Weiß
die ihre schwarzen Schnauzbärte herauskehren
und ihre dunkeläugigen Damen in großgeblümtem Tüll

Und eben, als das Leihorchester beinahe
die Trompeten einsetzt, um die Mandolinen zu übertönen
kommt ihr Ohr ganz dicht an meine Lippen
die Einladung zur Schiffsbesichtigung entgegenzunehmen

Sie vertraut mir an, die Sitten der Indianer zu bewahren
obwohl sie Guatemalas Universität absolvierte
sie ist genauso stolz auf ihre Herkunft wie ich auf meine
und ihren Augen wird williger gefolgt als meinen Ordern

Sie bewegt ihre langen Arme und breiten Hände
arroganter als die Palmen in der Abendbrise
auf der Plaza, als sie mich fortfächelt
und mir höflich Dank sagt für die angenehme Konversation

Sie reicht mir ihre Hand zum Kuß und meine Lippen
berühren sie, während ich mich ungeschickt verbeuge
wie ein Kadett im ersten Jahr und wünsche
in einem anderen Jahrhundert geboren zu sein

Der Lotse bringt uns zwischen langfingrigen Feuern hinaus
und nur der Schweißgeruch der Hafenarbeiter
der ihren Duft in meinen Nasenlöchern ablöst
überzeugt mich, nicht in einem
drittklassigen Seeräuberfilm mitgespielt zu haben

Nordatlantik

6. Dezember 1979

Die Vorhänge des fernen Regens
werden aufgezogen im Osten
und ich sehe das bleiche Angesicht der Meerjungfrau
auftauchen aus der See
das Goldhaar fließend auf den Wellen

Sie sieht mich einen Augenblick lang forschend an
bevor die Regendecke wieder vorgezogen wird
und hastig hämmert der Puls

Nun hat sie mich gesehen
und ich kann weiterreisen
mit der Hoffnung in mir
daß sie mich dereinst zu sich rufen wird

in einer blauen Lagunenkathedrale
wo nur eine Palme
sich im Wasser spiegelt
wie ein Zepter, das sie mir reicht
bevor wir zusammen fortziehen
unter Seeanemonen und farbenprächtigen Korallen

Puerto Limon, Costa Rica

3. Februar 1980

In der Hafenkneipe Vogel Phönix
(wie der Vorläufer, der niederbrannte
nur eine Scheune aus Holz)
tanzt die achtzehnjährige Theresa
barfuß auf glühenden Zigarettenstummeln

Sie fegt uns zusammen in eine Ecke
mit ihren langen, schwarzen Haaren
im Takt der Musik aus der Jukebox
die in der Bar die Gläser klirren
und die Mädchenbrüste hüpfen läßt

Wir rufen einander zu
jeder in seiner Sprache rings um den Tisch
der naß von Bier und Rum ist
und küssen einander
das Salz des Meeres und der Erde von den Lippen

Theresa entblößt ihren Bauch
und bittet mich, das Kind zu streicheln
das in seinem vierten Monat schwimmt
so unschuldig, wie die Mutter
über den schmutzigen Scheunenboden tanzt

In der Hafenkneipe Vogel Phönix
schwöre ich ihr Freundschaft und Hilfe
und röste über einem sanften Feuer
als Theresa mir ins Ohr beißt
und nackt ist voller Leben

ATLANTIK

27. Juni 1980

Auf zehntausend Faden
schwimmen ertrunkene Freunde
und Frostschauer überziehen das Meer

Die Springmesser der fliegenden Fische
werden in alle Richtungen geworfen
und Squids katapultieren sich
aus dem Wasser

Langsam rollen
träge Dünungen
Delphine in Olivenöl

Der Himmel sieht auf dich
durch Brennglasaugen
bis du weinst
aus allen Poren

Weil alles fließt
und dein Herz
noch einmal
entflammt ist

Tripolis

15. August 1980

Den, der ich sein muß
verfolge ich über sieben Meere
ich suche ihn an den Bars
in exotischen Häfen
von einladenden Blicken zerstreut

Einige meinen, ihn gesehen zu haben
doch er ist wieder abgereist
und keiner weiß, wohin
vielleicht ist er bei den armen Bauern
im Flußdelta oder
wurde Mitglied einer Großfamilie

Ich quäle meine Nächsten
mit meiner unablässigen Suche
wann werde ich aufhören können
ihnen weh zu tun

Ich kreuze die endlosen Meere
weil ich nicht zu glauben wage
daß sie mich lieben, wie ich bin

Old Bahama Channel

16. November 1980

Der Abend zündet
das knisternde Feuer der Zikaden an
und die Hitze zwingt Kakerlaken
wie fallende Blätter so groß
aus ihren Verstecken
wie Gedanken, die wir zu denken hassen

Die Seeleute in den Bars
ihrer Habe und Identität beraubt
schließen zufällige Freundschaften
und schlagen sich an die Brust

Die Wolken entfalten sich
wie Rahsegel
von Kanonenschüssen zerfetzt
und in den Pausen läßt uns das Geräusch
der Tropenregengüsse
auf den Palmenblättern denken
an Sklaven, die man auspeitscht

Die Pelikane füllen ihre Kehlsäcke
mit toten Fischen im Hafen
und sind dabei, vornüber zu fallen
wie volle Seeleute
deren Schiffe längst abgefahren sind

Das Süßwasser an Bord
schmeckt rostig
von erträumten Taten
und bitter vom wirklichen Chlor
während die Tiefe langsam abnimmt
über den Korallenriffen
wo wir am Ende stranden
und unsere Augen sich mit Wasser füllen
wie leckgeschlagener Lastraum

Windward Passage

22. November 1980

Er biß auf den Köder der Chancen
entkam nach gewaltigem Kampf
doch er hat noch den Haken im Maul
und schleppt hinter sich her die zerrissene Leine

Hinein durch die Öffnung im Riff
nach Crooked Island, wo er in der Lagune
empfangen wird von Ballonfischen
und sich aufbäumenden Seepferden
die ihm das letzte Stück hinein
zur Landungsstelle folgen

Die Dornen des Maquis greifen in seine Ärmel
wie Bettler, die um seine letzten
Schweißperlen bitten
während die Hütten langsam zusammensinken
wie ihre ausgemergelten Bewohner auch

Die Fischer draußen auf See
vereinen sich mit den Daheimgebliebenen
in gemeinsamem Gebet
bald möge die Morgenbrise kommen
und die Segel der Boote füllen
und die Moskitos fortblasen vom Gesicht

Tag für Tag
kommen wir langsamer zu uns selbst
und die Sonne gräbt die Runzeln
tiefer in die Stirn

CARACAS

2. Dezember 1980

Triefnaß verlassen wir die Sauna des Hafens
und fahren über die Berge
auf einem Bandwurm von Straße
flankiert von Hundekadavern
kein Windhauch berührt den Qualm von Benzin
im Bergkessel, worin Caracas schmort
an den Seiten hängen die Slumviertel
wie angetrocknete Essensreste
die selbst der stärkste Regenguß
nicht abzuwaschen vermag

Bananenpalmen zeigen mit Fingern
auf die endlose Schlange
von Visumsuchenden
vor der amerikanischen Botschaft
und von den Wolkenkratzern
blicken die Geschäftsleute herab
auf ihre Luxusvillen
umgeben von mannshohen Mauern
gekrönt von Glasscherben und Stacheldraht
zur Hauptverkehrszeit parken sie
ihre Straßenkreuzer auf den Autobahnen

Ein reiches Land, wo heimatflüchtige Kolumbianer
(Illegale ohne Rechte)
nach und nach den Slum übernehmen
von den Venezulanern, die in die neuen
Sozialwohnungen der Regierung ziehen
täglich werden die Abfallhaufen durchwühlt
von räudigen Kötern und Ausgestoßenen
die nach wenigen Monaten unablässig
grünen Schleim heraufhusten
und es ist nicht ungewöhnlich
daß sie dir haßerfüllt nachspucken

Triefnaß fahren wir im Freilauf
zwischen Zitronenbäumen und blühenden Akazien
hinunter zur Küste, wo man Masten ankernder Schiffe
über dem Hitzedunst verschwimmen sieht
und wir erkennen, daß wir
unter die Blasierten zählen können
die nicht wünschen, vom Wasser zu trinken
bevor der Brunnen ausgetrocknet ist

Windward Passage

14. Januar 1981

Wir steuern hinab durch die Windward Passage
Haiti an Backbord
und haben den Leuchtturm Cape Dame-Marie in Sicht
(der viele Jahre erloschen war
obwohl die Seekarte ausweist
daß er uns ständig zublinken soll
in der karibischen Nacht)

Fregattvögel segeln über der Küste
und brandmarken den Himmel
mit ihrem flachgedrückten M, das Mord bedeutet
(hier rollen die Köpfe wie Kokosnüsse)

Wir drehen knapp vor der Dreimeilenzone bei
die Fischer kommen
mit ihren qualmenden Holzbooten längsseits
(sie haben eine Feuerstelle unter der Ruderbank)
und lassen die Segel aus Sackleinwand fallen.
Im Tausch gegen leere Fässer
altes Tauwerk und unbrauchbare Farbe
bekommen wir frischgefangene Rotfische und Langusten

Ihres Fangs entledigt und bis an den Rand beladen
mit unserem Abfall, rudern sie davon
als wir warnend mit der Sirene heulen
und die Schrauben das Meer zu Schaum schlagen lassen

Die Hummer erröten vor Scham
darüber, nicht mehr wert zu sein
und das Kreuz des Südens erhebt sich
über dem schädelglatten Spiegel der See
während wir auf dem Sonnendeck
„Fruit de la mer“ speisen und kühlen Weißwein trinken
bis in den körperwarmen Abend hinein

Crooked Island

6. Juni 1981

Wieder bin ich hier
auf einer einsamen Insel
im Menschenmeer
mit Gedanken, explodierend
wie ein Fischschwarm
vom Raubfisch gejagt

Es ist kein Wind
in meinen schlaffen Segeln
sonst aufgebläht
wie die Bäuche schwangerer Frauen

Wieder bin ich hier
auf einer karibischen Insel
umringt von Brandungsgischt
über den Korallenriffen
die stärker als mein Gebiß

Aber das Stundenglas
ist ausgelaufen
und es gibt nichts
es wieder zu wenden

MISKITO-KANAL

12. September 1981

Auf der Fahrt von Puerto Limon, Costa Rica
nach Santo Tomas de Castillo, Guatemala
tasten wir uns den Miskito-Kanal nordwärts
die Küste Nicaraguas entlang, umgeben von unzähligen
Korallenriffen und Inseln, Drowned Cays heißen einige
und Kokospalmenreihen wachsen auf dem Wasser

Die Halbmondinsel (Cayo Media Luna) nimmt zu
man kann in sie hineingreifen mit der linken Hand
wenn man nicht zuvor gestrandet ist
bei Bluff Point oder Cabo Falso
ganz zu schweigen von Cayos Miskitos selbst
wo wir in einem Malariatraum an Land kriechen
sonnenverbrannt, und die Giftquallen zu müde sind
das großzügige Angebot der Brotfruchtbäume anzunehmen

Überall umgeben uns die Jahresringe der Tiefenkurven
wir fahren in einem unterseeischen Zauberwald
wo farbenprächtige Fische im fetten Wasser
zwischen den Bäumen fressen
und wir zweifeln plötzlich an der Notwendigkeit der Reise
überwältigt von einem unwiderstehlichen Drang
ozeanisch zu werden
und das Mysterium zu erleben im Hinabsinken
in das sternengefüllte Wasser bei Cayos de Perlas

Willemstad, Curaçao

23. September 1981

Jahrhundertelang legten hier unterhalb der Forts
die Schiffe an, um Sklaven zu löschen
und kranke Besatzungsmitglieder an Land zu setzen
bevor sie wieder unterbemannt unter Segel gingen
beladen mit Kristallen
aus den Salzpfannen des Strandes
die Kanonensalute wurden erwidert
mit weißen Rauchwolken von Boca San Michiel

Es waren keine Rahsegel, die sich im Nordostpassat
entfalteten, sondern die Stahlwand des Motorschiffs
die sich hinter mir auftürmte
als mich ein Boot von der Reede abholte
und mich nach Willemstad hineinfuhr
zwischen Häusern im holländischen Kolonialstil
hindurch, um mich zum
St.-Elisabeth-Hospital zu bringen

Im Rollstuhl fahren sie mich ins Zwanzigbettzimmer
wo mich ein weißhaariger Neger mit Katheterschlangen
aus den Pyjamahosen und Urinbeuteln in der Hand
willkommen heißt
als die Schmerzen nachlassen, finde ich mich selbst
auf einem babylonischen Markt

die zahlreichen Familienmitglieder der Kreolen
marschieren in der Besuchszeit auf
bringen Blumensträuße und Fernsehapparate
Früchte und einen Hauch von Ghetto mit
und sie unterhalten sich lautstark auf Pamiento
einer Mischung aus Holländisch und Spanisch
Englisch, Portugiesisch und Cognate-Indianisch

Mit den Resten des morgendlichen Weißbrots
füttere ich Tauben, im Schatten der Mimosenbäume
ist die Blumenpracht nicht bloße Fieberphantasie
und der Patient an meiner Seite klammert sich
an das Rollstativ mit dem Plasmabeutel
der über eine Plastikschlange
mit seinem Kreislauf verbunden ist
wir reden übers Bukanieren und die Aloenzucht
und ich bin erlegen dem Karibischen Jucken

Vor dem Hospitalsgarten stehen Palmensäulen
und blühende Agaven richten sich hoch
über die Rosetten der Messerklingen
die Blattfahnen der Divi-Divi-Bäume zeigen uns
wohin der Wind stets weht
und auf allen Türen sieht man das Kreuz der Kruzifixe

Puerto Rico

3. Oktober 1981

Von Luv herabgefallen
auf die Inseln in Lee
Kanonendonner und Musketenfeuer
enthüllten ihre Kaliber

In Ketten führte man die Afrikaner
zu den Konzentrationslagern der Plantagen
zusammen mit Massas Lieblingstieren
Bluthunden und neunschwänzigen Katzen

Von Zeit zu Zeit entdeckten Desperados
daß Macheten anderes umhauen konnten
als Zuckerrohr
die Farbe der Haut wie Ebenholz
wie Mahagoni oder Rosenbaum
ebenso rot floß das Blut

Und kein Sklavenrum oder Woodoo-Beschwörer
hinderte die herbeigerufenen Soldaten daran
die Aufrührer zu massakrieren
„by right of conquest“

Caicos Passage

13. Oktober 1981

Wir sind vielerlei Volk
einsam vereint an Bord
auf leckenden Kähnen
und rostigen Schiffen in Ballast
trotz Gegenwind und Strömung
immer unterwegs

Wir starren eine sternenlose Nacht lang
nach dem endlich aufkommenden Landfall
und sehen plötzlich im Dunkel draußen
Meeresleuchten hinter dem Fliegenden Holländer
und das Tauwerk schreit in den Blöcken

Die Wellen laufen gegen die Kimm
die im Osten verblaßt
und Masten und Bäume
schwingen wild
als suchten sie am Himmel eine Stelle
um darauf zu zeigen

Kanal von Yucatan

15. Mai 1982

Die Zeit wurde zurückgestellt
bevor wir Mistiriosa Bank passierten
und vom Äquatorstrom erfaßt wurden
der uns weiter westwärts führte
durch den Kanal von Yucatan

Das Parallellineal wurde ausgelegt
und mit Zirkelbeinen
gingen wir auf dem Wasser
in der Espiritu-Santo-Bucht
einer waldigen Flachküste entgegen

Aus einer Gewitterwolke
wurde eine Jakobsleiter herabgefiert
doch der Regen hinderte uns
zu sehen, wer denn da
zum Himmel kletterte

Wir studieren Seekarten
und nautische Handbücher
aber können nichts anderes finden
als daß die Erde noch immer
in ihrem Gradnetz zappelt

Beirut, Libanon

25. April 1983

Wir steuern Beirut von Süden an
und finden unsere Landmarken
den hohen, konischen Turm der Armenischen Kirche
ein goldenes Minarett und das Patriarchenkolleg
die bestätigen, daß die Strömung
bei Ras Beirut stark nach Norden versetzt

Wir sind in der engen Perle des Orients
einer Metropole des Handels
mit Gold, Narkotika und Diamanten
wo die Religionen und Völker
des Ostens und Westens sich treffen
und trotz häufiger Scharmützel
schafft es die Stadt doch zu blühen

Innerhalb der alten Stadtmauer kommen wir
zu weihrauchduftenden Basaren, die strotzen
von echten und unechten Teppichen
Antiquitäten und allerlei Kunsthandwerk

Aufwärts an den Hängen
breiten sich die Vorstädte aus
mit malerischen Villen
umgeben von Gärten
und weiter oben bedecken
Maulbeerhaine die Berghänge

Doch die kräftige Brise
die den roten Sand des Vergessens
von den südwestlichen Hügeln
in die Stadt bläst
kann den Gestank nicht wittern
von den Leichenhaufen nach den Massakern
in den palästinensischen Flüchtlingslagern
Sabra und Shatila

Und da sind die zerbombten
Wohnviertel
und die Angst in den Straßen
und die scheinbar unversehrten Häuser
mit Nähten aus Schußlöchern
und Scherben und Splitter und Schutt

Wir sollten Kisten laden
mit persönlichen Effekten nach New York
doch unsere Fracht verrauchte
mit der amerikanischen Botschaft

Die Perle ist zerschlagen

Wir aber löschen Fensterglas

Livorno, Italien

9. Mai 1983

In Livorno
bunte Wäschegirlanden
über die Gassen gespannt
und rote Pelargonien
üppig auf den Altären

Fortezza Vecchia sieht bedrohlich aus
doch mildert sich das Bild
durch die roten und grünen Fischerjollen
die in den Wallgräben vertäut liegen

Und die Kasematten
mit den Rundgewölben
sind keine Kerkerlöcher mehr
hinter den rostigen Eisengittern
sind Boots- und Werkzeugschuppen

Und es stehen keine Schwarzhemden
auf Wache beim Garibaldi-Denkmal
unter den Linden
nur ein paar Palmen flankieren es
mit schuppigen, dickbäuchigen Stämmen

Über der Kathedrale jagen die Mauersegler
Insekten im schwindenden Licht
und ich höre einen Wasserfall von Worten
beim Cappuchino im Straßencafé

Grafitti
auf Mauern und Monumenten
und kugelrunde, schwarze Pechlampen
flammen auf wie Anarchistenbomben
doch sie markieren nur
Straßenarbeiten

Medina az-Zahara

5. Juli 1983

In Medina az-Zahara
liegt der Emir schlaflos
hingegossen auf einem Diwan
der in ein Bassin
voller Quecksilber fließt

Seine Künstler führten nicht nur
einzigartige Schmuckornamente aus
sie bildeten auch Menschen ab
und am Jüngsten Tag
wird er sie zum Leben erwecken

Sevilla, Spanien

8. Juli 1983

Miguel de Manara traf
nach einer ausschweifenden Nacht
einen Leichenzug auf der Calle de las Sierpes
und sah sich selbst im Sarg
bereute und trat
dem Orden der Barmherzigen Brüder bei

Er fischte Tote aus dem Fluß
und holte, im Schutz der Dunkelheit
die Leiche eines enthaupteten Verbrechers ab
und sorgte dafür
daß sie anständig begraben wurde

Er nahm, Ku-Klux-Klan-gekleidet
teil am Fackelzug der Heiligen
in La Semana Santa

und betrachtete im Chor der barocken Kirche
das Gemälde „Die Vernichtung"
(ein halb verwester Erzbischof
in einem Sarg
wie er von Würmern aufgefressen wird)

Murillo meinte
es wäre unerträglich anzusehen
wenn man sich nicht die Nase zuhielte

Kap Hatteras

18. März 1984

Seerauch treibt
über schaumstreifige Wellen
wo uns der Vollmond
das Tief durch falsche Seen weist
und das Meer brüllend
über uns bricht

Wir liegen beigedreht
und halten sie aufrecht
gegen das harte Wetter
und immer, wenn wir kielholen
klirrt zerschlagenes Geschirr

Im grauen Morgenlicht
trage ich ins Logbuch
daß das Schiff hart arbeitet
in der schweren See
und über Deck und Luken
Wasser nimmt

Meine straffe Gesichtshaut
sagt mir, daß ich in dieser Nacht
vom Wetter gebräunt wurde

Reykjavik, Island

3. April 1984

Wir lagen beigedreht
in der Dänemarkstraße
auf Höhe von Kap Farvel
doch nun haben wir
Snäfellsjökull voraus
und können lenzen hinab nach Reykjavik

Wir müssen auf Vulkane
und im Etablissement HORNID
gibt es keine stummen Schafe
mit denen wir fast ein Gespräch anfangen

Taktlos häufig unterbreche ich
Sigfus Vigossas Sage
um die eigene zu erzählen
und dennoch lädt er uns ein
Isländer einzufangen im heimatlichen Dorf
auf dem Thun seines Vaters
damit wir zusammen reiten können
über die Lavafelder
und die Geysire besichtigen

Wir bitten ihn mit an Bord
und diese schlingernde Insel
zwingt uns, die Baldursgata
hinunterzutanzen

Gelöscht fahren wir hinaus
durch den Reykjavik Firdhir
das Stück ist vorbei
und der Nordlichtvorhang fällt

Monrovia, Liberia

6. August 1984

Nach dem amerikanischen Bürgerkrieg
kehrten einige der ehemaligen Negersklaven
nach Afrika zurück
und strebten den Junk- und Mana River aufwärts
wo sie Bombo- und Makwimba Town gründeten

Doch viele steuerten leblos
die endlich erreichte Küste ihrer Träume an
und bespülten die Strände
mit ihren entseelten Körpern
übergaben den Mergel ihrer aufgelösten Knochen
Liberias kalkarmer Erde
wenn nicht zuvor die Hammerhaie
sie getötet hatten

Und an den kreideweißen Stränden
werden die Volksvertreter erschossen
noch bevor die Sonne sich dahinter
über dem tiefseegrünen Dschungel zeigt

LAGOS REEDE, NIGERIA

14. August 1984

Morgenwache vor Anker
das Schiff in Scheinwerferlicht getaucht
bei Tagesanbruch hört man Schüsse
wir wissen, es sind die Staatsorgane
die gefangengenommene Piraten
hinrichten am Strand

Sie fahren geradeaus
in primitiven Kanus
mit Außenbordmotoren
zwischen den Schiffen hindurch
und füttern die Haie
mit frischem Menschenfleisch
so können wir
nach nervenaufreizender Nacht
sehen, wie effektiv sie
gegen das Unwesen
einschreiten

Tema, Ghana

17. August 1984

Im Bight of Biafra
flammende Feuer
wie von brennenden Dörfern
doch was wir sehen
sind die Riesenfackeln der Bohrplattformen

Beim Ansteuern von Tema
Wrack an Wrack
in der starken Brandung
ein Schiffsfriedhof
der davon zeugt
daß die Anker hier nicht halten werden
wenn ein Sturm aufkommt

Wir löschen alte Autos
und die Empfänger
die jahrelang darauf gespart haben
selbständige Taxifahrer
werden zu können
brechen weinend zusammen
was wir ihnen liefern
hätte längst verschrottet
werden müssen

Die üblichen Bettler
und Hochstapler plagen uns
doch plötzlich wimmelt es
von schwarzen Mädchen an Bord
mit denen sich einzulassen
uns verboten ist

Der Wachmann ist der letzte
der seinen Urias-Posten verläßt
er gibt mir vor dem Landgang
eine Ananas
und ist ziemlich beleidigt
als ich ihn dafür bezahlen will

Vitoria, Brasilien

16. Dezember 1984

Zick-Zack-Fahrt im Gewitterregen
zwischen Wasserlöchern hindurch
den Terra-Roxa-Weg entlang
zu einer Caboclo-Favella
um meine Mulattin abzuholen

Die Schuppen am Flußufer
sind große, unförmige Tiere
die Vorderläufe draußen im Wasser
und die Kinder planschen schreiend
im schlammigen Strom
als griffen Pirañaschwärme an

In der feuchten Wärme
sitzt ein Greis
auf einer morschen Planke
und bewacht seine Früchte
in den Blumentöpfen
mit einer Flasche Cachas
im Arm als Gewehr

Und ich muß warten in der Bretterhütte
mit dem großen Coca-Cola-Schild
während sie sich fertig macht

Im Cantinho Poetico
deklamiert der Dichter Vieira
daß, wenn es Suppe regnet
wir nur mit der Gabel essen dürfen

Zurück an Bord
füttere ich
den angeleinten Schiffsaffen
mit lichttrunkenen Nachtschwärmern

Galway, Irland

12. Juli 1985

Das Rinmore Feuer auf der Ruine
von Cromwells Fort
leitet an der Brocklinmore Bank vorbei
wo man in der Finsternis
dem Weiß der Brandung in die Augen sieht

Und in der Mündung
des Corrib River
liegt Groggy Galway
die Brücken über den Strom
sind Klammern
in der aufgeplatzten Augenbraue der Stadt

Das Sinn-Fein-Volk fühlt
die Erde unter sich brennen
trotz des Nieselregens
und es muß nach Westen heute nacht
mit kleinen Booten von offener Küste aus

Galway mit Galgen und Aufständen
und Salven bei Morgengrauen
Klagelieder der Verwandten im Wind
während Wurzeltriebe
nach verschwundenen Herzen
in durchlöcherten Brustkästen suchen

Nicht ein TE DEUM auf dem Quirke Quai
nur ein schuhcremeschwarzer Morast
von Kohlenstaub ist Ursache dafür
daß niemand hier an Land geht
ohne seine Spur zu hinterlassen

Saint Kilda, Nördlicher Atlantik

13. Juli 1985

Keltische Säulenheilige
auf dem Kontinentalsockel stehend
mit zitternden Knien
bis zum Hals im Meer

Die Äußeren Hebriden
im Rücken und voraus
die Faraday Fracture Zone

Die Grotte des Mundes
läuft ins Wasser
wenn die Flut kommt
und die Geyser der Brandung
füllen blinde Löcher

Wirbelwinde wehen
die Seevögel fort
und kritzeln
im spärlichen Gras
wo die Schafe sich sammeln

In den Schlaf gewiegt
von westlicher Dünung
im Traum, ein Totempfahl
um den Zyklone tanzen

STORNOWAY, LEWIS, ÄUSSERE HEBRIDEN

1. August 1985

Innerhalb der Molen
bellt der Seehund
wir sollen wissen
wir gehören nicht hierher

Stornoway meldet Sturm
und vereinzelte Gewitterschauer
die Schornsteinrohre rauchen
als hätten sie gerade
gegen den stahlgrauen Himmel gefeuert

Die Felder liegen
grün wie Billardtische
und Windstöße
bewegen die Wollknäuel der Schafe

Wir suchen Schutz im The Clachan
wo die Bar genauso lang ist
wie die Mädchenbeine
die die Kellnerin herzeigt

Nasen arbeiten sich
durch hohen Schaum
auf Pints mit Guinness

Und am nächsten Tag
ein Dartpfeil
plötzlicher Sonne
im Auge des Seehunds

Port Harcourt, Nigeria

17. April 1986

Die Bettler zeigen
die beinlosen Kinder vor
und die mit den verdorrten Armen
und aufgeblähten Bäuchen
als wir festsitzen
im Verkehrsgewühl

Und die Straßenhändler
hacken auf uns nieder
wie Aasvögel
während die Soldaten
ihre Maschinenpistolen
entsichern

Vor dem Hotel
laufen neben dem Taxi
die Prostituierten
mit den Trägern um die Wette
um uns ihre Dienste
anzubieten
als wir halten

Im Hotelzimmer
falle ich auf das Bett
von Kälte und Fieber geschüttelt
in der feuchtheißen Nacht

während das Summen der Malariamücken
anschwillt zu einem Crescendo
das die lautlosen Messer
und die Schußsalven in den Straßen
übertönt

Mabel's Creek Bar, Escravos river

20. April 1986

An einem fieberheißen Sonntagnachmittag
nahm mich die wilde Gang mit
in den Busch zu Mabel's Creek Bar
hinter den seichten Wassersümpfen

Bier- und Coca-Cola-Kästen
aufgestapelt
unter dem Palmendach
und die mitgebrachte Country-Musik
hallt unter den Bäumen
wir sitzen auf Safaristühlen
schweißnaß

Mabel und Tochter Stina
und Catrine aus dem Busch-Bordell
die auf Besuch ist, bedienen
und Mac fordert uns auf zu fühlen
wie schwer und wohlgeformt
Stinas Brüste sind

Er und Ralf baden nackt
von der Holzbrücke aus, in dem trüben Wasser
worüber sich die Nachbardörfler, die gekommen sind
von Willy Nelson's Texasliedern alarmiert
gehörig amüsieren

Die beiden bestehen darauf
daß wir anderen auch hineinspringen
wenn wir damit rechnen wollen
zu „the bush rat's gang“ zu zählen

Doch Steve weigert sich stur
denn er hat von einem Kanu aus
die schwarze Mamba gesehen
unter den Schürzen der Mangroven
gar nicht weit von hier

Die Negerkinder erregen
unsere Aufmerksamkeit
durch Augenrollen
und Zähneblecken
bis Mabel sie fortjagt

Und eine Rieseneidechse fängt Insekten
im Sand zwischen unseren Füßen
und Hühner, Küken und Ziegen
suchen um uns ungestört nach Futter
bis die Tropennacht uns überkommt

Im Schimmer der Petroleumlampe
kann ich kaum erkennen
daß auf Mac's T-Shirt steht:
„Give me head till I'm dead“
und vor Musik kaum hören
daß mir Catrine zuflüstert:
„You buy me beer, me fuck you, no shit“

Warmer Regen rührt auf einmal
die Trommel der großen Blätter
und für Geld und gute Worte
fährt uns ein Negerboy
in seinem Kanu - wir sind am Umfallen -
ins Camp zurück

Wir werden am Flußufer abgesetzt
in Schlamm und Dreck
so daß wir krabbeln müssen
um die Böschung hochzukommen
noch Tage später kriegen wir viel zu hören
über unsere Erscheinung und Verfassung
bei der Heimkehr

Inhalt